EL PÁJARO DEL ALMA

OTROS TÍTULOS DE ILCHI LEE

Change

The Call of Sedona

Healing Society

The Twelve Enlightenments for Healing Society

Vibración de Ondas Cerebrales

In Full Bloom

Principios de Administración Cerebral

Healing Chakras

Mago's Dream

Human Technology

LifeParticle Meditation

El Pájaro del Alma

ILCHI LEE

Ilustrado por JISU HAN

BEST LIFE MEDIA

BEST LIFE MEDIA

Best Life Media
6560 State Route 179, Suite 114
Sedona, AZ 86351
www.bestlifemedia.com
877-504-1106

Primera edición de tapa dura: noviembre de 2014

ISBN-13: 978-1-935127-73-4

Reconocimientos por el uso de la música:
Pista 1 en el CD: One Fine Spring Day (Un buen día de primavera) por Isao Sasaki

Cubierta y diseño interior de Malou Leontsinis. Ilustraciones de Jisu Han.

Printed in South Korea.

Dedicado a toda las personas hermosas
que buscan genuinamente amarse a sí mismas
y vivir la vida que sus almas realmente anhelan.

INTRODUCCIÓN DEL AUTOR

Algunas personas dudan de la existencia del alma. Creo que esto se debe a que tienen poca experiencia con ella. En la vida diaria, una cacofonía de pensamientos y emociones sofocan su voz hasta que ya no es posible escucharla. Con el tiempo, nos podemos olvidar completamente de la existencia del alma.

Sin embargo, estoy seguro de que somos seres preciosos con almas, no solamente cuerpos visibles. Quizás por eso es que incluso aquéllos que dudan de su existencia, se sienten mal cuando alguien les dice: "Eres un desalmado". Todos anhelan conectarse con algo más permanente y de mayor significado que lo que la vida cotidiana ofrece.

Para ello concebí el entrenamiento del Pájaro del Alma: para ayudar a que las personas se sientan cerca de sus almas con facilidad. He ayudado a otros a experimentar esto en talleres, y este libro y CD de ejercicios están diseñados para llevar esa experiencia a sus hogares. Visualizar el Pájaro del Alma, que representa la energía del alma en nuestros corazones, nos permite lograr una conexión concreta y vívida con ella.

Nuestras almas quieren ser libres, como los pájaros que se elevan al cielo azul. Sin embargo, con mucha frecuencia están agobiadas por fuertes emociones que surgen de recuerdos del pasado; por apegos y creencias fijas que le impiden volar libremente. Nos sentimos atrapados, como una mariposa aprisionada en una telaraña. Para que nuestras almas sean libres, necesitamos purificar nuestras pesadas y enmarañadas emociones y abrazar la energía pura, libre carga emocional.

No importa qué tan difícil haya sido tu vida, puedes estar seguro de que tu alma está en perfectas condiciones, y espera que la liberes. En algunas ocasiones puede que te sientas tan afligido que creas que tu alma te ha abandonado, pero no es así. El alma, por su propia naturaleza, no puede corromperse, no puede ser herida y no puede ser destruida. Si te sientes así, es sencillamente porque tu alma ha quedado oculta detrás de capas de experiencias negativas. Pero éstas son solamente una coraza exterior que la rodea; el alma en sí siempre está pura y completa.

En la vida, perseguimos cosas como el dinero y el estatus, pero estas cosas no tienen un valor duradero en comparación con el alma. Solamente el alma tiene un valor absoluto, y por eso creo que debería estar en el centro de la vida de todos nosotros. Las sociedades humanas están llenas de separaciones y límites, pero el alma está más allá de todo eso. A través de nuestras almas podemos conectar con lo que yo llamo el Sol de la Partícula de la Vida—la expresión de unidad total y brillo absoluto del Universo. Cuando nos conectamos con él, lo estamos haciendo con la raíz vibrante de la vida misma, que también es la raíz del alma. Todas las emociones difíciles colapsan instantáneamente en cuanto nos reconectamos con el alma y nos transportamos a un ámbito intemporal, más allá de las preocupaciones banales de este mundo.

A través de sus hermosas y alegres ilustraciones, este libro cuenta la historia de Jay, un hombre que se parece a muchos de nosotros, que al pasar de los años nos hemos distanciado de nuestra alma. Como Jay, tú también puedes recuperar esa sensación de ser un alma pura y libre, tal como lo experimentaste cuando eras muy joven. Tengo la esperanza de que al hacer el viaje de la vida junto con Jay, recuperarás algo muy preciado e importante, que puede que hayas olvidado.

El CD que se incluye en la parte trasera del libro contiene la meditación guiada del Pájaro del Alma, compuesta por dos pistas de audio. La primera meditación elimina las emociones pesadas y no resueltas relacionadas con recuerdos de experiencias negativas. Un alma puede volar libre como un pájaro si la energía que la rodea es ligera y pura, y esta meditación te ayudará a lograr eso. La segunda pista te guía mientras vuelas con el pájaro de tu alma, y te permitirá experimentar profundamente la libertad de tu alma.

El diario para 21 días de meditación, que también está incluido en la parte trasera del libro, se utiliza para desarrollar la energía de tu alma cada vez que te encuentres y comuniques con el pájaro de tu alma, durante 21 días. A través de 21 días de meditación, espero que la energía de tu alma se expanda gradualmente y finalmente ocupe su lugar en el centro de tu vida.

Que tus días queden llenos de la fragancia fresca de tu alma.

Otoño de 2014, Sedona
Ilchi Lee

Cuando nació Jay, nació con él el pájaro de su alma, y el pájaro hizo un nido en su corazón.

Jay y el pájaro de su alma crecieron juntos. Cuando Jay reía, su pájaro del alma reía con él. Cuando Jay se regocijaba, su pájaro del alma también se regocijaba.

Todos los días, Jay se iba a sentar debajo de un enorme olmo y se imaginaba las aventuras que la vida le traería. Siempre que se perdía en su imaginación, el pájaro de su alma extendía las alas y volaba con él. Cuando estaba con su pájaro del alma, Jay podía convertirse en lo que él quisiera.

A veces, sin embargo, Jay se sentía triste porque la gente que lo rodeaba lo regañaba o le hacía algún desaire. En esas ocasiones, el pájaro de su alma también se entristecía. Pero el sabio pájaro tomaba ánimos y le cantaba a Jay esta canción:

"No te preocupes si el cielo oscuro está.
El sol siempre aparecerá,
sólo espera y lo verás
cuando las nubes empiecen a clarear.
Lo mismo será cuando solo perezcas,
o la vida injusta te parezca.
Yo siempre he estado, y siempre estaré.
Siempre aquí te esperaré."

Cuando Jay cantaba junto a su pájaro del alma, otra vez se sentía feliz. Se subía a las ramas del viejo olmo y dejaba que su mente revoloteara libre.

El olmo también cantaba la canción del pájaro,
lo mismo que la tibia luz del sol y la brisa gentil.

"Yo siempre he estado, y siempre estaré.
Siempre aquí te esperaré."

El tiempo voló y Jay creció muy rápido.
Hizo muchos nuevos amigos en la escuela
y llenó sus horas con tareas y rutinas.
Iba al olmo
cada vez menos, y menos,
hasta que un día dejó
de visitarlo para siempre.

Pasaba más tiempo jugando con sus amigos
y menos con el pájaro de su alma,
que ahora estaba cada vez más y más solo.

Aun así, cada vez que el corazón de Jay estaba herido,
el pájaro de su alma también sentía dolor.
Pero, como siempre, el pájaro de su alma cobraba ánimo
y cantaba para Jay.

"No te preocupes si el cielo oscuro está.
El sol siempre aparecerá,
sólo espera y lo verás
cuando las nubes empiecen a clarear."

“Lo mismo será cuando solo perezcas,
o la vida injusta te parezca.
Yo siempre he estado, y siempre estaré.
Siempre aquí te esperaré.”

Sólo que ahora Jay tenía la cabeza ocupada en tantas otras cosas que ya no podía oír la canción del ave.

Y muy pronto, Jay creció.
Encontró un trabajo, se casó y tuvo una familia.
¡Ahora tenía tantas responsabilidades qué atender!
Como todos los demás adultos, hablaba más de lo
ocupado que estaba que de lo feliz que era.
Se olvidó completamente del pajarito aquél
que cantaba la hermosa canción a su corazón.

Jay ya nunca sonreía, ni siquiera cuando la brisa hacía cosquillas en su cara. Su corazón ya no revoloteaba cuando el invierno se convertía en primavera. Y, tristemente, aunque veía las estrellas parpadeando en el cielo nocturno, su mente ya no se llenaba de asombro.

Se le había olvidado cómo remontarse sobre las alas de su alma hasta los confines del universo, por lo que su mundo ahora parecía muy pequeño.

Jay no era feliz.
Todo en su vida se sentía pesado y duro;
y entre menos feliz era,
más débil se hacía el pájaro de su alma;
con sus alas heridas y plegadas,
era incapaz ahora de volar.

"Mi amado Jay, de mí se ha olvidado,
pero yo siempre recordaré.
Espero que un día le quede bien claro
que con él siempre yo estaré."

El pájaro lloró y en el corazón de Jay apareció un pequeño agujero. Las lágrimas del pájaro no paraban, y el hueco se hizo cada vez más grande.

Jay no podía llenar ese espacio vacío con nada.
Nada le producía alegría.
Nadie podía hacerlo feliz.
Sentía que había perdido algo valioso.

¿Pero qué era?
No tenía idea.

Un día le preguntó a un amigo:
"¿Alguna vez te has preguntado
si hay algo más que esto en la vida?"

Dándole una palmada en el hombro, el amigo respondió:
"Si tienes personas que te aman y tienes un buen trabajo,
¿no eso es suficiente?

Tienes un hijo fuerte y saludable, una esposa maravillosa.
¿Qué mas hay qué buscar? Tienes una buena vida.
¿No es mejor estar conforme con lo que ahora posees
que desear algo nuevo que quizá nunca conseguirás?
Es peligroso tener esperanzas y sueños sin garantías."

Jay pensó que su amigo quizá tenía razón. Sin embargo, despertaba a la media noche con frecuencia, miraba al techo, daba vueltas en la cama y no se podía dormir.

Una noche, Jay tuvo un sueño.

En su sueño caminaba, caminaba y caminaba sin descanso. Pero era extraño: no importa cuánto caminara, el paisaje no cambiaba. A ambos lados seguía viendo las mismas casas y los mismos árboles.

¡Así había estado caminando! Trabajando mucho, pero sin llegar a ninguna parte.

Cuando Jay despertó del sueño, sintió un gran dolor en su corazón, y muchas ganas de llenar aquel hueco que sólo le traía tristeza y soledad. El dolor era tan grande que le costaba trabajo respirar.

De repente, sintió que el calor inundaba su pecho, y de pronto estaba llorando, y las lágrimas le rodaban por las mejillas. Jay estaba confundido y no podía reprimir las lágrimas. Entonces escuchó una débil voz que llegaba de algún lado.

"Está bien
soñar un sueño
donde todo es mejor que hoy.
Deshazte del temor ahora
y recuerda que aquí estoy."

Sobresaltado, Jay miró alrededor, pero no vio a nadie.
De nuevo escuchó la vocecita que decía:

"Ahora es tiempo de cerrar los ojos
para que puedas ver
más de lo que los ojos ven.
Si miras en tu corazón
tú eres libre y en él yo estoy."

Jay cerró los ojos y permaneció en silencio.
Quiso sentir su corazón, mirar dentro de su ser.
Y vio al pajarito.

"¡Eres tú! ¡Mi pajarito! ¿Dónde has estado?"

"Sí, sí, soy yo. El pequeño pájaro de tu alma.
Siempre he estado aquí, y siempre estaré.
¡Ay, Jay! ¡Cómo te he extrañado!"

“Jay respondió al ave:
“Lo siento, lo siento tanto, mi pajarito.
Lamento haberte dejado solo.
Lamento haberte escondido.
Sólo ahora me doy cuenta de cuánto te he extrañado.”

Jay acarició al pájaro. Sus alas estaban débiles y tenían dificultad para abrirse.

“Mi pajarito, ¿qué haremos para que puedas volar otra vez?”

El pájaro del alma le dijo a Jay:

"Todo lo que tienes que hacer es darme unas fuertes alas.
Dame alas más extensas que las ramas del gran olmo,
para que pueda abrazar y sanar tu corazón herido.
Dame alas más suaves que la sonrisa de una madre,
para que tu mente reciba con amor renacido.
Dame alas más brillantes que un arcoíris,
para que hasta en días nublados seas feliz."

"¿Pero cómo puedo hacer eso?

El pájaro cantó de nuevo:
"Planta la semilla de la esperanza en tu corazón, porque la esperanza es donde la felicidad comienza."

"Pero yo perdí la esperanza hace mucho tiempo", respondió Jay débilmente. "Sin ella, ¿cómo puedo darte nuevas alas?"

"Amado Jay, mírame a los ojos.
Mira muy adentro, una fuente de esperanza encontrarás.
Porque el poder de tu mente recordarás.
Si al océano de la vida has sido arrojado
Puedo restaurar la esperanza que has extraviado.
Cuando tus ojos y los míos estén frente a frente,
vas a encontrar a tu eterna e infinita mente.
Yo estoy aquí para hacerte sentir perfecto y pleno,
porque yo soy tu esperanza, tu alma . . . tu sueño."

Jay miró los ojos del ave,
y los suyos se llenaron de lágrimas de felicidad.
El pájaro de su alma comenzó a cantar más fuerte.

“De ponerme un nombre es ahora es el momento,
sabiendo que tú y yo somos un solo aliento.
Mira en lo más profundo de ti
Y sabrás que nunca he de partir.
Cada vez que digas mi nombre,
Contigo volaré, tus alas seré.”

Jay se quedó pensando
un momento.
“¡Esperanza!
Te llamaré Esperanza!”, exclamó.
Entonces, las alas del pájaro se
extendieron con fuerza,
tan grandes como las
ramas del olmo.

"Y bien, ahora . . . ¿volamos?", le preguntó Jay a Esperanza. Y como si sólo hubiera estado esperando oír esas palabras, Esperanza extendió sus alas.

"¿Estás listo? A la cuenta de tres, ¡vamos a remontar el cielo juntos!

¡Una, dos, tres!"

Como uno solo se elevaron al alto cielo, volando por todas partes. En sus rostros se dibujó una sonrisa tan clara y brillante como el deslumbrante sol que se alzaba en el horizonte.

Debajo de ellos brillaban las flores del campo en todas sus tonalidades, y los lagos y los ríos relucían en color esmeralda bajo la luz del sol. El corazón de Jay brincaba de alegría, y a través de él sopló una brisa cálida.

"¡Me siento libre!", gritó extendiendo los brazos.

Esperanza batía sus grandes y fuertes alas majestuosamente, al tiempo que cantaba:

"Nunca más mi nombre olvides,
pues más valioso que el oro y la fama
más precioso que ver todo el panorama,
es que hoy y siempre conmigo anides.
Yo te amaré todos los días,
contigo siempre estaré.
Yo soy la esperanza, alma que te guía.
Por mi nombre llámame cada día;
si estás conmigo y piensas en mí,
el infinito poder de tu mente estará en ti."

Jay abrazó con fuerza al pájaro de su alma. Esperanza lo envolvió con sus alas brillantes y él sintió que se liberaba de todas sus cargas.

Y aunque la tristeza y los problemas volverían,
Jay jamás olvidaría la dulce canción
del pájaro de su alma.

VEINTIÚN DÍAS DE MEDITACIÓN CON TU *El Pájaro del Alma*

El CD de meditación guiada y el diario para 21 días de meditación incluidos en la parte trasera del libro, han sido diseñados para que te puedas reconectar con tu alma.

Te recomiendo realizar la meditación del Pájaro del Alma durante 21 días con el CD, y escribir en el diario tus descubrimientos y las cosas que te inspira cada meditación.

El CD está compuesto de dos pistas. La primera es una meditación para sentir tu alma y sanar tus heridas; la segunda es una meditación para sentir la libertad de tu alma mientras vuelas con el pájaro de tu alma. Para que tu alma pueda volar libre, primero debes sanar sus heridas, y así hacer que su energía sea cada vez más brillante y ligera. Por ello, para iniciar, escucha las pistas 1 y 2 y sigue con la meditación.

Después de que repitas esta meditación varias veces y sientas que tu energía está suficientemente purificada e iluminada, puedes saltarte la pista 1 y solamente practicar con la pista 2. Antes de reproducir la pista, siente la energía de tu alma en tu corazón y siente tu respiración con los ojos cerrados. También, si lo deseas, cuando vueles con el pájaro de tu alma en la meditación, puedes levantarte y bailar energéticamente al estilo libre.

Día 1

La profunda sensación que experimentamos cuando conocemos las hermosas almas que hay dentro de nosotros, es el primer gran descubrimiento de nuestras vidas.

Felicidades en tu primer encuentro con el pájaro de tu alma. Abajo dibuja o escribe una descripción sobre la forma y los colores del pájaro del alma que viste durante la meditación. También, ponle un hermoso nombre al pájaro de tu alma.

¿Cuál es el nombre del pájaro de tu alma?

¿Qué sentiste hoy durante la meditación del Pájaro de tu Alma?

Día 2

¿Qué sentiste hoy durante la meditación del Pájaro de tu Alma?

Día 3

Vive una vida en la que ames y compartas lo mejor de tu alma. Cuando expreses sincera y verdaderamente la belleza de tu alma, puedes ser una luz brillante que a todos ilumine.

¿Qué sentiste hoy durante la meditación del Pájaro de tu Alma?

Día 4

¿Qué sentiste hoy durante la meditación del Pájaro de tu Alma?

Día 5

Si escuchas la voz de tu alma, ella te enseñará el camino.

¿Qué sentiste hoy durante la meditación del Pájaro de tu Alma?

Día 6

Cundo ves el mundo a través de los ojos de tu alma, eres testigo de la grandiosa y sagrada divinidad y del alma en los corazones de todas las personas, y las amas y las respetas.

¿Qué sentiste hoy durante la meditación del Pájaro de tu Alma?

Día 7

¿Qué sentiste hoy durante la meditación del Pájaro de tu Alma?

Día 8

¿Qué sentiste hoy durante la meditación del Pájaro de tu Alma?

Día 9

El cuerpo es un medio, una herramienta y un instrumento musical a través del cual el alma se expresa con vibraciones.

¿Qué sentiste hoy durante la meditación del Pájaro de tu Alma?

Día 10

¿Qué sentiste hoy durante la meditación del Pájaro de tu Alma?

Día 11

Mantén la paz en tu corazón sin apegos a otros, y tu alma crecerá.

¿Qué sentiste hoy durante la meditación del Pájaro de tu Alma?

Día 12

¿Qué sentiste hoy durante la meditación del Pájaro de tu Alma?

Día 13

Confía en ti mismo y busca
experimentar tu alma con seriedad;
agudiza tu atención y ésta se revelará.

¿Qué sentiste hoy durante la meditación del Pájaro de tu Alma?

Día 14

Al optar por la verdad, al mantener firme tu resolución frente a los retos y los deseos, tu alma se hace más fuerte y madura.

¿Qué sentiste hoy durante la meditación del Pájaro de tu Alma?

Día 15

¿Qué sentiste hoy durante la meditación del Pájaro de tu Alma?

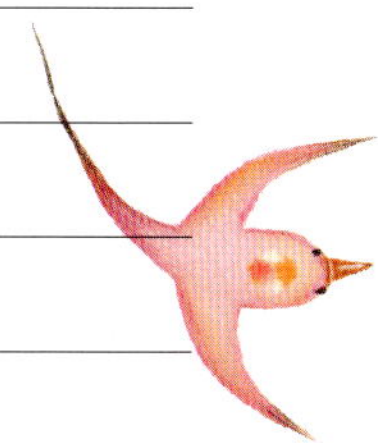

Día 16

¿Qué sentiste hoy durante la meditación del Pájaro de tu Alma?

Día 17

Cualquiera que sueñe con crear un mundo nuevo y mejor, posee un alma vibrante y libre. Un alma libre es amor, alegría, paz y creación.

¿Qué sentiste hoy durante la meditación del Pájaro de tu Alma?

Día 18

¿Qué sentiste hoy durante la meditación del Pájaro de tu Alma?

Día 19

A través del despertar de tu alma, te haces capaz de elegir y ser el dueño de tu vida.

¿Qué sentiste hoy durante la meditación del Pájaro de tu Alma?

Día 20

El sueño más grande de toda alma es experimentar la unidad con la energía divina, a través del crecimiento infinito.

¿Qué sentiste hoy durante la meditación del Pájaro de tu Alma?

Día 21

¿Qué sentiste hoy durante la meditación del Pájaro de tu Alma?

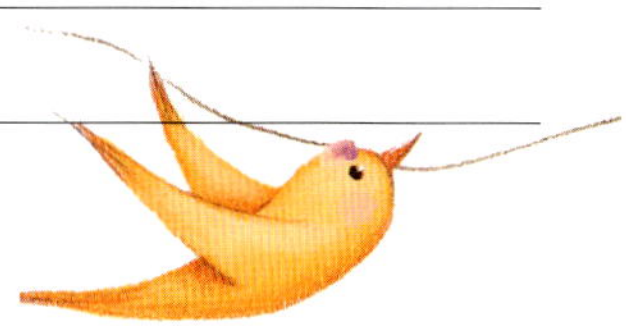

Felicidades

por completar la meditación de los 21 días con el Pájaro de tu Alma. Dibuja abajo o escribe una descripción sobre la forma y los colores del pájaro del alma que viste durante la meditación. ¿Cómo ha cambiado tu pájaro desde que comenzaste la meditación de los 21 días?

Cuando las nubes se van, el sol brilla naturalmente. Cuando tu alma despierta, empiezas el viaje de tu alma hacia la plenitud.

¿Qué has aprendido y en qué maneras has crecido en los últimos 21 días?

Reconocimientos

Quiero expresar mi profunda gratitud a Jisu Han por sus ilustraciones, que tan bellamente dan vida a la historia de Jay.

Me gustaría también agradecer a Hyerin Moon, Jiyoung Oh y Michela Mangiaracina en Best Life Media por ayudarme a dar forma a la historia en las distintas fases de edición. Con gran oficio, Daniel Graham tradujo la historia del coreano al inglés, y Jack Forem imprimió ritmos alegres a la narración por medio de una minuciosa edición. Gracias también a las muchas personas que ayudaron a mejorar la traducción al inglés después de la primera edición, y a Gustavo Vázquez Lozano, Pierinna Tenchio, Susana Mays y Vanessa Campos por traducir y editar el libro del inglés al español.

Mi gratitud también para Daniel Rodriguez, quien aportó su inspiradora voz para el CD de meditación guiada, y a Julián Torres Talayero, quien mezcló y editó las pistas.

ACERCA DE JISU HAN

Jisu Han es una consumada ilustradora que ha colaborado en varios libros para niños, fábulas para adultos y libros de reflexión. Todas sus ilustraciones son hechas a mano utilizando varias técnicas.

Las meditaciones que ha hecho Jisu sobre el pájaro de su alma y el crecimiento personal que adquirió gracias a ellas, la convirtieron en la elección perfecta para este proyecto. La conexión con su alma inspiró y guió su tarea durante el proceso creativo.

Jisu sueña con un mundo en el cual las almas de todas las personas despierten y todas las formas de vida bailen juntas en unidad. A través de sus ilustraciones, ella busca expresar ese mundo.

ACERCA DE ILCHI LEE

ILCHI LEE es un apasionado visionario, educador, mentor e innovador; ha dedicado su vida no sólo a enseñar los principios de la energía, sino también a investigar y desarrollar métodos para alcanzar todo el potencial del cerebro humano.

Por más de treinta años, la misión de su vida ha sido desarrollar el potencial de las personas y ayudarlas a manejar su propio poder creativo y potencial personal. Para ayudar a los individuos a lograr ese objetivo, ha desarrollado muchos métodos exitosos para ejercitar la mente y el cuerpo, incluyendo Dahn Yoga y Brain Education. Sus principios y métodos han inspirado a millones de personas en todo el mundo para vivir vidas más saludables y felices.

Lee es autor de éxito editorial de *The New York Times* y ha escrito treinta y cinco libros, incluyendo *The Call of Sedona: Journey of the Heart*, *Change: Realizing Your Greatest Potential*, y *Brain Wave Vibration: Getting Back into the Rhythm of a Happy, Healthy Life*.

Es también un respetado altruista que ha colaborado con las Naciones Unidas y otras organizaciones en pro de la paz mundial. Lee es presidente de la Universidad de la Educación Cerebral y la Asociación Internacional de la Educación Cerebral. Para saber más de Ilchi Lee y de su trabajo, visite la página web www. ilchi.com.